KARL PI

STARKE WORTE FÜR STARKE ZEITEN

Nr. 3

NIMM DEIN LEBEN
IN DIE HAND

Erschienen im Verlag:
Verlag Gute Nachricht GmbH
Freyunger Str. 53 a · D-94146 Vorderschmiding
Telefon 08551 9149-0 · Fax 08551 9149-14
E-Mail: office@verlag-gute-nachricht.de
www.wirtschaftsrevolution.de

ISBN: 3-935760-13-2

2. überarbeitete, veränderte Neuauflage, Oktober 2004
(1. Auflage erschienen 1992 unter Strategie 2000, Bregenz, Österreich)

INHALT

VORWORT

Liebe Leserin, lieber Leser!

Nimm dein Leben in die Hand und wage, deine Träume zu verwirklichen.

Zu viele Menschen sind der Meinung, man könne ja ohnedies nichts machen. Es wäre alles Schicksal und man müsse die Dinge nehmen, wie sie kommen. Welch eine Lüge. Der Mensch ist vom allmächtigen Schöpfer mit einem freien Willen ausgestattet. Mit einem Willen, der sogar in der Lage ist, „Berge zu versetzen". Mit einem Willen, der die Welt bewegt. Seit Bestehen des Menschengeschlechtes waren es immer **entschiedene Menschen**, die **Entscheidendes** bewegt haben. Entschlossenheit, Hingabe und Ausdauer sind die Charaktermerkmale und Grundvoraussetzungen, die jeden wirklich erfolgreichen Menschen auszeichnen.

In deiner Hand liegt die **Fähigkeit, Gutes zu tun.** In deiner Hand liegt die Entscheidung, ob du deine eigenen Fähigkeiten, Talente und Potenziale nutzt. In deiner Hand liegt die Möglichkeit, dein Leben wirklich positiv zu gestalten.

Du bist der Einzige, der in der Lage ist, **deine Fähigkeiten, Talente** und **Potenziale** zu **nutzen**. Niemand sonst. Die größte Energievergeudung findet heutzutage nicht bei herkömmlichen Energieformen (z.B. Strom, Öl etc.) statt, sondern durch die Nichtnutzung der Potenziale und Fähigkeiten, die in den Menschen schlummern. Wie viele Menschen gehen heute durchs Leben, ohne jemals davon Kenntnis zu erhalten von den gewaltigen Potenzialen, die Gott in sie hineingelegt hat. Es gibt keine öffentliche Schule, die darauf spezialisiert wäre, den Menschen zu zeigen, wie man seine eigenen Fähigkeiten und Talente kennen lernt und die damit verbundenen unerschöpflichen Energiepotenziale zum Nutzen der Menschen effizient einsetzt.

Eines steht fest:

Gott, unser Schöpfer und Vater derer, die ihn als diesen annehmen, hat in jeden Einzelnen von uns ein gewaltiges

Investment gelegt. Gott hat einen Plan für jeden Einzelnen von uns und auch jeden mit dem Potenzial ausgestattet, das er braucht, um diesen Plan erfolgreich ausführen zu können.

Gott weiß, was er tut. Er gibt den Menschen nicht einen Plan und stattet sie dann nicht mit den nötigen Voraussetzungen aus.

Gott hat auch viel Hausverstand oder besser gesagt, die Fülle der Weisheit. Er gibt nicht einen Auftrag, ohne dann auch mit dem nötigen Potenzial auszustatten, mit dem Ziel, dass seine Kinder dann erVOLLgreich werden sollten.

Gott verlangt auch Rechenschaft für das, was er in dich investiert hat. Er will sehen, was du mit den Talenten, die dir gegeben wurden, gemacht hast.

Gott will Früchte sehen. Er ist an den Früchten interessiert. Früchte, die Seinem Plan entsprechen und den Menschen ein Segen sind. Dafür hat er dir die Talente gegeben.

Nimm dein Leben in die Hand. Sei ein entschiedener Mensch, entschlossen, das Gute zu tun.

Du hast in deinem Leben schon viel Gutes gehört. Sei nun auch ein Täter dieser Worte. Die Früchte kommen aus dem Tun. Nimm dein Leben in die Hand. Lass die Zeit nicht mehr länger nur verstreichen, sondern setze diese **zielbewusst** ein.

Vergiss nie, du bist der Einzige auf der ganzen Welt, der deine Fähigkeit und Talente nutzen kann. Du bist der Einzige auf der ganzen Welt, der deine Potenziale voll ausschöpfen kann.

Du bist der Einzige auf der ganzen Welt, der deine Zeit nutzen kann. Es lohnt sich zu leben, nur müssen wir aufhören, uns leben zu lassen. Wir sollten **nicht nur existieren, sondern wirklich LEBEN.**

Jesus sagte im Johannes-Evangelium, Kapitel 10, Vers 10: „... ich bin gekommen, damit ihr Leben habt und es in Fülle habt." Jesus sagte auch ferner im Johannes-Evangelium: „... Ich bin der Weg, die Wahrheit und das Leben, keiner kommt zum Vater denn durch mich." Jesus sagte nochmals in Joh. 11:25: „... Ich bin die Auferstehung und das Leben, wer an mich glaubt, wird nicht sterben in Ewigkeit." Dein Leben beginnt mit deiner Entscheidung für Jesus Christus. Oder glaubst du etwa, Jesus hat hier dreimal gelogen. Wenn du überzeugt bist, dass er nicht gelogen hat, dann bedarf es nur mehr deiner **Ent-Scheidung** für das **Leben**.

Gott bietet uns sein Leben (seine Natur) an. Wir können Gottes Leben als Geschenk empfangen. Es ist nur eine Ent-Scheidung deinerseits (die Aufhebung einer Scheidung).

Nimm dein/das Leben in die Hand, jemand anderer kann dein Leben nicht an deiner statt in die Hand nehmen.

Danke, dass du bis hierher gelesen hast. Das zeigt mir, dass du wirklich ernsthaft interessiert bist, aus deinem Leben noch mehr zu machen.

Ich freue mich schon sehr auf unsere persönliche Begegnung und grüße dich heute voller Begeisterung!

Karl Pilsl

P.S.: Kennst du jemanden, der Ermutigung braucht? Schenke ihm doch ein Exemplar – oder besser alle bisher erschienen Ausgaben – von STARKE WORTE FÜR STARKE ZEITEN. Einen besseren Dienst kannst du ihm nicht tun.

»Die Straße zum Versagen ist gepflastert mit verpassten Gelegenheiten und ungenutzten Chancen.«

ErVOLLg oder Misserfolg ist nicht in erster Linie eine Frage von Ausbildung und Fähigkeiten, sondern vielmehr eine Frage innerer Einstellung. Jedem Menschen bieten sich in der heutigen Zeit eine Menge Gelegenheiten und Chancen, die zu seinen Stärken passen und daher für ihn eine großartige Möglichkeit darstellen, daraus ErVOLLgskapital zu schlagen. Wir leben in einer Zeit, in der es jede Menge ungelöster Probleme gibt, und die Probleme der Menschen wachsen. Ungelöste Probleme sind aber eine riesige Chance für Menschen, dafür Problemlösungen zu kreieren, um diese der - dafür in Frage kommenden - Zielgruppe anzubieten. Man muss nur vorher seine eigenen Stärken und Problemlösungsfähigkeiten kennen und dann mit offenen Augen durch die Welt gehen. Dann sieht man sehr schnell, wo es passende Gelegenheiten gibt und Marktchancen für die eigene Leistung.

Aber: Viele Leute sehen zwar die Chancen und Möglichkeiten und überlegen dann so lange, ohne eine Entscheidung zu treffen, bis die Chancen wieder vorüber sind oder von anderen bereits aufgegriffen wurden. Wankelmut ist in dieser Situation der größte Feind deines ErVOLLges. Ein Mensch, der keine Entschlossenheit kennt und nicht tatkräftig und mutig zugreift, wenn es zuzugreifen gilt, wird immer zu spät kommen. Chancen und Gelegenheiten warten nicht so lange, bis du dich endlich nach viel Für und Wider entschlossen hast.

ERMUTIGUNG FÜR HEUTE

Sei mutig und stark. Geh mit offenen Augen durch die Welt und greife zu, wenn sich eine Gelegenheit bietet, die dir entspricht. Entschlossenheit und Tatkraft sollen dein Leben auszeichnen. Wankelmut hat noch keinen zum Ziel geführt.

TAG 2

»Es gibt zumindest drei mächtige Dinge auf dieser Welt: die Berge, die Ozeane und einen entschiedenen Mann.«

Jeder von uns weiß, wie mächtig Bergmassive sind. Das Unbeweglichste, was sich ein auf das Sichtbare orientierte Mensch vorstellen kann. Jeder von uns weiß von der beeindruckenden Gewalt und Macht der Ozeane. Man braucht nur mal vom Kap der Guten Hoffnung aus das Zusammenfließen des Indischen und des Atlantischen Ozeans zu betrachten. Ein gewaltiger Anblick, voll Power und nichts kann dem entrinnen, wenn es in seine Gewalt kommt. Genauso ist es mit einem Mann, der eine Entscheidung getroffen hat, sich ein Ziel gesetzt hat und mit Entschlossenheit in täglichen Schritten auf dieses Ziel zugeht.

Entschlossenheit ist das Gegenteil von Wankelmut. Jeder von uns weiß, dass Wankelmut noch keinen Menschen irgendwohin gebracht hat. Jeder von uns kennt Menschen, die mit bestechender Entschlossenheit auf die Dinge zugehen und die Welt bewegen. Natürlich ist eine ganz wichtige Sache dabei die Frage, welcher Art ist das Ziel. Ziele, die dem Menschen nicht zum Nutzen gereichen, sollten am besten von wankelmütigen Menschen gesetzt werden. Ziele, die dem Menschen Nutzen stiften, sollten von Menschen verfolgt werden, die einen hohen Grad von Entschlossenheit haben. Leider ist es zu oft umgekehrt. Wenn du in deiner Entschlossenheit mit deinen Fähigkeiten, anderen Menschen Nutzen zu stiften, fest bist, erst dann wirst du die Welt bewegen.

ERMUTIGUNG FÜR HEUTE

Triff in deinem Leben klare Entscheidungen. Zeige bei den Dingen, die du dir zum Ziel gesetzt hast, höchstmögliche Entschlossenheit und handle. Und du wirst erleben, wie viele positive Energien dadurch in deinem Leben freigesetzt werden.

»Pessimisten sehen ein Problem hinter jeder Gelegenheit. Optimisten sehen eine Gelegenheit in jedem Problem.«

Kennst du auch Menschen, die in jeder Sache sofort ein Problem sehen. Es bietet sich z.B. eine einmalige Gelegenheit, bei der es zuzupacken gilt, und das Erste, was gesagt wird, ist: „Aber, da könnte ja dann Folgendes passieren ...!" Solche Menschen werden die Gelegenheit des Lebens - und derer gibt es sehr viele - verpassen, weil sie der damit verbundenen möglichen Gefahr zu viel Aufmerksamkeit schenken und die Früchte aus der Gelegenheit dabei ganz aus den Augen verlieren. Diese nennt man dann Pessimisten. Pessimisten selbst nennen sich meist Realisten - was in den meisten Fällen nur eine Entschuldigung ist für den Pessimismus.

Optimisten hingegen sind Menschen - und ich bin mit Begeisterung einer davon - die in jedem Problem die damit verbundene Gelegenheit sehen. Jedes Problem birgt in sich selbst den Lösungsansatz. Jedes Problem - richtig betrachtet - bietet eine gewaltige Gelegenheit. Probleme sind meist gefüllt mit Chancen. Probleme zu lösen ist eine herausfordernde Aufgabenstellung mit dem Potenzial, einen Sieg zu erringen. Ich liebe Siege. Ich liebe Erfolge. Ich liebe die Herausforderung. Ich liebe Lösungen, weil ich gelernt habe, dass Dinge, die sich vordergründig als Probleme tarnen, in den meisten Fällen gottgegebene Chancen sind zu einer positiven Veränderung im Leben. Ohne auftretende Probleme gibt es keine Lösungen. Die Lösung ist aber auch die Er-Lösung vom Problem.

ERMUTIGUNG FÜR HEUTE

Nimm die Herausforderungen des Lebens an. Analysiere auftretende Probleme sofort und suche den Lösungsansatz und die Chance, die damit verbunden ist. Jede Krise, jedes Problem beinhaltet eine gewaltige Chance. Konzentriere dich auf die Chance.

TAG 4

»Das Leben ist ein ‚Do-it-yourself'-Programm. Die Teile sind alle verfügbar, zusammenbauen musst du selbst.«

Es gibt zu viele Menschen, die auf Wunder warten. Die darauf warten, bis etwas geschieht. Verstehe mich nicht falsch: Ich bin ein Realist. Ich erwarte Wunder jeden Tag. Du musst nur deinen Teil dazu tun. Wenn du dein Bestes gibst, gibt Gott sein Bestes dazu. Gott hat dir alle Bestandteile, die du brauchst, auf den Weg mitgegeben, um ein erfülltes, erVOLLgreiches Leben führen zu können. Er gab dir Talente, Fähigkeiten, Potenziale, Stärken, einen funktionierenden Verstand und die Fähigkeit, mit deinem freien Willen auch Entscheidungen zu treffen. Die Teile sind alle verfügbar, aber zusammenbauen musst du selbst.

Gott erwartet von dir, dass du aktiv bist. Welcher Vater unterstützt schon gerne die Faulheit seiner Söhne? Kein guter Vater würde das tun. Daher erwarte auch nicht von deinem himmlischen Vater, dass er die Faulheit seiner Kinder unterstützt. Er gab dir alles mit auf den Weg und steht dir darüber hinaus täglich als persönlicher Berater und Beistand zur Verfügung, wenn du Fragen hast. Gott erwartet von dir, dass du kennen lernst, welche Teile er dir mitgegeben hat. Gott erwartet von dir, dass du dich aufmachst und mit den dir gegebenen Fähigkeiten Früchte bringst. Das Leben ist ein „Do-it-yourself"-Programm. Wir müssen die Teile nur richtig zusammenfügen und dann zur Fruchtbarkeit bringen.

ERMUTIGUNG FÜR HEUTE

Finde heraus, welche Bausteine Gott in dein Leben hineingelegt hat. Werde aktiv, nimm dein Leben in die Hand, beginne zu planen und zu bauen. Und bediene dich dabei der Hilfe, Beratung und Anleitung des Hl. Geistes. Er hilft dir gerne dabei.

»Jede Wahl, die du triffst, hat ein Endresultat, jede Entscheidung, die du triffst, hat eine Auswirkung.«

Jeder Mensch steht täglich vor der Situation, eine Wahl zu treffen. Jeder Mensch ist täglich aufgefordert, eine Entscheidung oder Entscheidungen zu treffen. Wir alle haben einen freien Willen, zu wählen, wie unser Leben gelebt werden soll.

Sei dir dabei eines bewusst: Jede Wahl hat ein Endresultat, genauso wie jedes Samenkorn eine bestimmte Ernte hervorbringt.

Das Leben ist voller Entscheidungen. Jede Ent-Scheidung hat die Eigenschaft, dass sie das Ende einer Scheidung/Trennung von etwas ist und man sich aber auch gleichzeitig von einer anderen Sache scheiden, sprich: **trennen**, muss. Du kannst dich nicht für den rechten Weg entscheiden und gleichzeitig immer noch den linken Weg auch gehen wollen. Wenn du vor einer Weggabelung stehst, heißt das, dass du eine Ent-Scheidung treffen musst, die dich von einem Weg scheidet und gleichzeitig das Ende der Scheidung vom anderen Weg bedeutet. Jeder Weg führt aber in eine andere Richtung, bringt dich zu einem anderen Ziel. Daher ist es so wichtig, dass wir bei jeder Wahl und bei jeder Entscheidung, die wir treffen, das Endresultat vor Augen haben. Was sind die Konsequenzen einer Wahl? Was ist das Ergebnis einer Entscheidung?

ERMUTIGUNG FÜR HEUTE

Sei ein entscheidungsfreudiger Mensch.
Wenn du eine Wahl oder eine Entscheidung zu treffen hast,
triff sie im Hinblick auf das Endresultat bzw. die Auswirkung.
Lasse dich nicht von momentanen Situationen oder Einflüssen lenken,
wenn diese das gewünschte Endresultat in Frage stellen.

TAG 6

»Kein Mensch arbeitet für jemand anderen, jeder arbeitet für sich selbst.«

Sicherlich hast du schon jemanden folgende Frage gestellt: „Was hast du für einen Beruf?" Und bekommst dann folgende Antwort: „Ich arbeite für die Firma Müller." Diese Antworten sind sehr häufig, aber nur bedingt richtig. Natürlich arbeitet er für die Firma Müller, aber in erster Linie arbeitet jeder für sich selbst.

Was meine ich damit?

Wenn ein Mensch gute, qualitative Arbeit leistet, ist das natürlich sehr gut für sein Unternehmen bzw. seinen Arbeitgeber. Aber es ist noch viel wichtiger für ihn persönlich. Nur wenn einer sein Bestes gibt, wird er auch den entsprechenden Erfolg erleben. Nur wenn einer einen guten Dienst bietet, wird er auch einen guten Ver-Dienst haben. Wenn einer einen guten Ver-Dienst will, muss er vorher einen guten Dienst leisten. Saat kommt immer **vor** der Ernte. Wenn einer einen guten Dienst leistet, sichert er damit in erster Linie seinen eigenen Erfolg, ganz einfach dadurch, dass er seinen Beitrag leistet für den Erfolg seines Unternehmens. Wer nur seine Zeit abarbeitet, arbeitet zwar auch für die Firma Müller, aber er wird damit seinen eigenen Arbeitsplatz langfristig nicht sichern, sondern einer der Ersten sein, die in schlechteren Zeiten entlassen oder freigestellt werden. Gute Leistung, gute Dienste und einsatzfreudige Menschen werden immer gefragt sein.

ERMUTIGUNG FÜR HEUTE

Gib immer dein Bestes bei allem, was du tust. Wenn du dein Bestes gibst, stiftest du einen höheren Nutzen. Ein höherer Nutzen ist ein besserer Dienst. Bessere Dienste bringen bessere Ver-Dienste. Du arbeitest in erster Linie für dich selbst.

»Menschen, die zu Hause ein erfülltes, friedvolles Leben leben, sind auch effektiver und effizienter bei ihrer Arbeit.«

Eine glückliche Ehe zu führen, ist eine Grundvoraussetzung für anhaltenden ErVOLLg. Ehe, Familie und Berufsleben sind nicht voneinander zu trennen. Ein Mensch, der von einem Ehestreit direkt ins Büro kommt, ist nicht in der Lage, Spitzenleistungen zu erbringen. Er ist viel zu sehr in seinen Gedanken mit der unerfreulichen Situation zu Hause beschäftigt. Ein Mensch, der zu Hause ein glückliches, erfülltes Leben führt, dessen Ehe eine Energiequelle und kein Energieräuber ist, ist mit viel mehr Energie ausgestattet, die ihn effektiver bei seiner Arbeit sein lässt. Im privaten Leben Freude zu erleben ist sehr stimulierend für Höchstleistungen im beruflichen Bereich. Ein Unternehmer tut sicherlich gut daran, wenn er dem Privatleben seiner Mitarbeiter mehr Augenmerk schenkt und seinen Mitarbeitern - wenn möglich - dabei hilft, eine positive, glückliche Ehe zu führen. Eine harmonische, glückliche Ehe bringt glückliche Kinder hervor. Glückliche Kinder sind positive Kinder. Glückliche Ehepartner und glückliche Kinder sind Freude und Erfüllung, zugleich Energiequelle und Stimulator für Spitzenleistungen, ohne die in der heutigen Zeit keine anhaltenden Erfolge erzielbar sind. Es geht ja nicht um kurzfristige Erfolge, sondern um den langfristigen, dauerhaften ErVOLLg.

ERMUTIGUNG FÜR HEUTE

Wenn du gerne im beruflichen Bereich effektiver und effizienter sein möchtest, setze doch zuerst den Hebel im privaten Bereich an. Sei ein liebender Ehemann, sei eine unterstützende und ermutigende Ehefrau. Und du schaffst ein Treibhausklima für Effizienz und Spitzenleistungen.

TAG 8

**»Harte Arbeit bringt Wohlstand,
nichtigen Dingen nachzujagen bringt Armut.«**

Wer nicht arbeitet, soll auch nicht essen. So steht es bereits in der Bibel. Wenn du in deinem Leben Wohlstand erleben möchtest, ist harte Arbeit notwendig. Wohlstand hat ja nicht unbedingt mit Geld zu tun. Wohlstand ist ein Stand, in dem es mir wohl tut. Dem einen tut jenes wohl, dem anderen etwas anderes. Was immer es ist, es muss erarbeitet werden und kann nicht beim Versandhaus bestellt werden. Ein Leben im „Wohlstand" hat eben gewisse Voraussetzungen, die zu erbringen sind. Eine davon ist, hart daran zu arbeiten – auch um den Wohlstand zu erhalten und nicht zu verlieren. Zu viele Menschen jagen aber nichtigen Dingen nach. Nichtige Dinge sind Dinge, die nichts bringen. Wenn etwas keinen Nutzen stiftet, bringt es nichts. Viele Menschen laufen mit der Masse und sitzen dabei auch der Manipulation der Masse auf. Sie erkennen oft gar nicht, dass sie nichtigen Dingen nachjagen, sondern wundern sich nur, dass nichts zustande kommt und die Armut oder der Mangel, die Freudlosigkeit und Unzufriedenheit immer größer wird. Viele Leute suchen nur einen materiellen Wohlstand und vergessen dabei ganz, dass dies nichtige Dinge sind, die in die menschliche Armut führen. Wirklicher Wohlstand ist ein Stand, in dem die Freude vollkommen ist. Die ist aber nur vollkommen, wenn Jesus Christus im Mittelpunkt des Strebens steht. Denn Er ist gekommen, damit wir Leben haben und es in Fülle haben.

ERMUTIGUNG FÜR HEUTE

Wenn du bisher nichtigen Dingen nachgejagt bist,
stell dir folgende Frage: Habe ich vielleicht bisher das Wichtigste
außer Acht gelassen und zwar eine persönliche Beziehung zum
lebendigen Gott? Entscheide dich für Ihn.

»Wenn du ein gesundes Selbstbewusstsein haben willst, führe eine Sache zu Ende.«

Es gibt viele Menschen, die reißen alle möglichen Sachen an, führen aber nichts zu Ende. Ich gehörte auch einmal dazu, hatte viele Ideen, viele Projekte, aber hatte nicht die nötige Ausdauer, diese auch zu Ende zu führen.

Wenn du eine Sache nicht zu Ende führst, verpasst du das Bewusstsein des Sieges. Wenn du aber nicht siegst, weil du vorher aufgibst, hast du auch keine Erfolgserlebnisse. Wenn du keine Erfolgserlebnisse hast, wächst in dir das Bewusstsein, dass du nichts zustande bringst, weil die halbfertigen, herumliegenden Projekte dich ständig daran erinnern. Dies wiederum drückt stark auf dein eigenes Selbstbewusstsein und in der Folge wirst du immer weniger in der Lage sein, Hindernisse auf dem Weg zum Erfolg zu überwinden.

Im Gegensatz dazu ist es eine natürliche Folge, dass erfolgreich abgeschlossene und zu Ende geführte Projekte dein gesundes Selbstbewusstsein stärken. Denn jedes zu Ende geführte Projekt ist ein Erfolg. Erfolge stimulieren zu weiteren Erfolgen. Erfolgserlebnisse produzieren weitere Erfolgserlebnisse. Die Zuversicht und der Mut für immer größere Herausforderungen wachsen, denn die Siegesgewissheit wächst mit jedem Erfolg. Dein Selbstbewusstsein steigt mit jedem zu Ende geführten Projekt.

ERMUTIGUNG FÜR HEUTE

Geh nicht zu viele Projekte gleichzeitig an. Führe zuerst jene zu Ende, die du bereits früher begonnen hast. Bleib an einer Sache dran wie eine Briefmarke am Kuvert, bis das Ziel erreicht ist. „An den Früchten wird man sie erkennen", gilt auch hier.

TAG 10

»Du kannst die Leiter des Erfolges nicht besteigen, wenn du das Schuhwerk eines Versagers trägst.«

Ich kenne viele Menschen, die reden von großen Zielen, haben große Träume, aber es ändert sich nichts in ihrem Leben. Wenn ich diese dann einige Zeit später wieder treffe und frage: „Was gibt es Neues, bist du weitergekommen mit deinen Plänen, hast du deine Ziele erreicht?", dann höre ich sehr oft dieselbe Aussage (Ausrede): „Nein, bisher hat sich noch nicht viel getan, ich warte noch auf dieses und auf jenes, ich konnte noch nicht, weil mir ja immer noch dieses oder jenes fehlt, ich hatte begonnen, aber dann musste ich aus verschiedenen Gründen unterbrechen ... und, und, und!" Kennst du jemanden, der so spricht? Ich bin sicher, du kennst jemanden.

Eines steht fest: Wenn du die Leiter des Erfolges besteigen möchtest, brauchst du auch das entsprechende Schuhwerk dazu. Dieses Schuhwerk besteht in erster Linie aus deinem Denken, deinem Reden und deinem Verhalten. ErVOLLg beginnt ja bei unserem Denken. Wenn du immer daran denkst, was dir alles fehlt, wirst du nicht weiterkommen. Denke daran, was du bereits hast und sei dankbar dafür. Wenn du immer an die Dinge denkst, die dich am Weiterkommen hindern, werden dir die Hindernisse immer sehr groß erscheinen und die Möglichkeiten gering. Viele Leute möchten gerne ein Leben des Sieges leben, aber wenn du sie bei ihren täglichen Aktivitäten beobachtest, benehmen sie sich wie ein Verlierer.

ERMUTIGUNG FÜR HEUTE

Egal, wie deine Umstände sind, benimm dich wie ein erfolgreicher Mensch. Denke, rede und handle wie einer, der sich seines Sieges bewusst ist. Denn das, was Gott in dich investiert hat, ist Siegerpotenzial ersten Ranges.

»Du kritisierst deinen Schöpfer, wenn du kritisierst, was Er mit dir tut.«

Eines steht fest: Gott hat einen Plan für jeden Menschen! Und es ist ein guter Plan und kein schlechter Plan. Es ist ein Plan des Sieges und nicht der Niederlage. Er will, dass Seine Kinder erVOLLgreich und glücklich leben. Siegreich in jeder Situation. „Regieret und herrschet" war Seine Anweisung.

Gott hat auch einen Plan für dich. Einen guten Plan. Aber es ist deine Aufgabe, herauszufinden, was Gott in dein Leben hineingelegt hat. Wenn du aber von Gott getrennt lebst, ist dies sehr schwierig, weil Er für dich außer Reichweite ist und du Seine Stimme daher nicht hörst. Daher ist es für jeden Menschen wichtig, mit Gott eine **lebendige**, persönliche Beziehung einzugehen, damit er mit seinem Schöpfer und Vater effizient kommunizieren kann. Gott will mit dir kommunizieren und dir genau zeigen, welchen Plan Er für dein Leben hat. **Es ist ein Plan, der Freude bereitet!** Natürlich ist es immer noch dein freier Wille, ob du den Plan Gottes in deinem Leben ausführen möchtest - mit der Hilfe Gottes - oder ob du deine selbst gemachten Pläne aus eigener Kraft verwirklichen willst, was zu viele Menschen tun und dann auf Gott und die Welt schimpfen, weil es so viele Probleme gibt. Selbst gemachte!

ERMUTIGUNG FÜR HEUTE

Wenn du mit deinen derzeitigen Umständen nicht zufrieden bist, kritisiere nicht, sondern frage vielmehr, ob du im Willen und Plan Gottes lebst. Wenn nicht, nützt das ganze Kritisieren nichts. Wenn ja, kritisiere auch nicht. Denn Gott sagt: „Denen, die mich lieben, wird alles zum Besten gereichen."

TAG 12

»Positives Denken macht nicht alles möglich. Aber es ist sicherlich besser als negatives Denken.«

Ich komme viel durch die Lande und treffe viele Menschen. Ich höre die seltsamsten Meinungen und Erfolgsrezepte aus den verschiedensten Gesellschaftsschichten zum Thema: „Wie man wohl im Leben erfolgreich sein kann." Es gibt Leute, die setzen alles auf „positives Denken". Mit positivem Denken sei alles möglich, sagen sie. Andere wiederum behaupten mit eiserner Überzeugung, dass positives Denken vom Teufel sei und ein gläubiger Mensch sollte sich ja nicht mit positivem Denken beschäftigen. Beides ist Nonsens.

Eine Frage an dich: „Denkt Gott positiv oder negativ? Sind die Verheißungen Gottes in der Bibel positiv oder negativ?" Gott ist ein „positiv Denkender" durch und durch. Sein Wort sind Seine Gedanken und Sein Wort ist positiv! Voller Sieg und ErVOLLg. Und es steht klar geschrieben, dass wir als Kinder Gottes die Gedanken Gottes, unseres Vaters, denken sollen. Mit Gott eins sein kann man nur, wenn man auch Seine Gedanken denkt, Sein Wort spricht und auch danach handelt. Und das alles ist positiv – erste Klasse! Aber alles auf positives Denken zu setzen ist ein Irrweg. Wenn sich dein positives Denken nicht auf dem Fundament des Wort Gottes bewegt, ist es zwar besser als negatives Denken, aber hat keinen bleibenden Wert.

ERMUTIGUNG FÜR HEUTE

Denke positiv. Rede positiv und handle positiv. Und wenn du sicher sein möchtest, dass dein Fundament dabei das richtige ist, dann setze alles daran, dein Denken mit dem Worte Gottes (Bibel) zu erneuern. Gottes Gedanken führen zum anhaltenden ErVOLLg.

**»Säe eine Tat und ernte eine Gewohnheit.
Säe eine Gewohnheit und ernte Charakter.
Säe Charakter und ernte deinen ErVOLLg!«**

Wir alle wissen: Gewohnheiten zu tun, kostet uns die geringste Energie. Wir wissen aber auch, dass unsere Gewohnheiten unser Leben bestimmen. Das, was du aus Gewohnheit so den ganzen Tag oder in bestimmten Situationen tust, beeinflusst sehr eingehend dein Leben. Auch Gewohnheiten haben es so an sich, dass daraus Ergebnisse entstehen. Das Prinzip von Saat und Ernte funktioniert unbestechlich, ob du etwas bewusst oder aus Gewohnheit tust. Denn **die Saat bestimmt die Ernte** und nicht die Tatsache, ob du etwas bewusst oder aus Gewohnheit tust. Daher:

- Tue das Gute (guten Samen) so lange bewusst, bis es dir zur Gewohnheit wird. Das bedeutet dann weniger Energie-Einsatz.
- Verharre dann in dieser guten Gewohnheit, bis es immer automatischer passiert, und es wird dir Charakter, sichtbar auch für deine Umgebung.
- Und wenn du dann dein Leben wirklich mit diesen guten Charaktereigenschaften lebst, unabhängig von Umständen und vereinzelten Situationen, dann erntest du automatisch ErVOLLg.

ERMUTIGUNG FÜR HEUTE

Dein ErVOLLg hängt von dem ab, was du aus Gewohnheit tust. Bewusst oder unbewusst. Daher prüfe doch heute einmal deine Gewohnheiten. Welche Gewohnheiten füllen deinen Tag? Wenn nötig, verändere deine Gewohnheiten, sie sind dein Samenkorn und bringen Früchte – ganz nach ihrer Art.

TAG 14

»So wie du Menschen siehst, wirst du sie auch behandeln.«

Jeder von uns weiß: Wenn uns ein Mensch „liegt", dann behandeln wir ihn viel freundlicher und netter als wenn uns jemand nicht „liegt". Wenn wir Menschen von Natur aus mögen, dann sind wir freundliche Typen und wenn wir Menschen nicht mögen, dann sind wir eben mürrisch, grantig und schwer erträglich. Und wenn ich von „freundlichen Typen" spreche, meine ich nicht aufgesetzte Freundlichkeit, sondern eine Freundlichkeit, die aus dem Herzen kommt. Wenn du dich selbst nicht leiden kannst, kannst du auch deine Umgebung nicht ertragen. Wenn du dich selbst nicht schätzt, kannst du auch deine Mitmenschen nicht schätzen. Wenn du dich selbst nicht liebst (so etwas soll's geben), dann kannst du auch deinen Nächsten nicht lieben. Darum heißt es auch: „Liebe deinen Nächsten **wie dich selbst!**" Voraussetzung ist daher, sich selbst zu mögen. Wenn du dich selbst magst, wirst du auch andere Menschen mögen. Die einen mehr, die anderen weniger, aber grundsätzlich wirst du eine positive Sicht von den Menschen haben. Wenn du Menschen liebst, wirst du sie auch in einem positiven Licht sehen. Wenn du Menschen in einem positiven Licht siehst, wirst du diese auch positiv, freundlich, wertschätzend behandeln. Wenn du die Menschen aber freundlich, wertschätzend und positiv behandelst, wirst du entsprechende Früchte erleben. Denn was der Mensch sät, das wird er ernten. Und die Ernte ist ja unser ErVOLLg.

ERMUTIGUNG FÜR HEUTE

Prüfe heute deine Einstellung gegenüber anderen Menschen. Achte deinen Nächsten höher als dich selbst. Sieh im Nächsten die Potenziale und Talente, die guten Seiten, dann wirst du dich dementsprechend ihm gegenüber benehmen und daraus die guten Früchte genießen.

»Manchmal ist es notwendig, einen Gegner zu haben, um erVOLLgreich sein zu können.«

Menschen brauchen die Herausforderung. Die Herausforderung kommt in den seltensten Fällen von jenen Leuten, die alles Mögliche tun würden, um dir auf deinem Weg zum ErVOLLg behilflich zu sein. Es gibt ja in der Tat viele Menschen, die an unserem ErVOLLg bei weitem nicht so interessiert sind, wie wir selbst. Es soll sogar Menschen geben, auch so genannte „Freunde", die an unserem ErVOLLg überhaupt nicht interessiert sind. Oft sogar im Gegenteil. Das sind dann die Gegner. Gegner sind sehr oft aber eine große Hilfe, wenn man es richtig sieht.

Gegner sind jene, die einen zu Höchstleistungen herausfordern. Höchstleistungen sind sehr wichtig.

Gegner sind jene, die einem auch ungeschminkt die Wahrheit sagen, Dinge, die wir sonst nicht zu hören bekämen. Das ist oft sehr wichtig.

Gegner sind jene, die uns gerne sagen, warum eine Sache nicht funktioniert und uns damit Anhaltspunkte liefern, unseren Weg zu verbessern. Das ist oft dringend notwendig.

Gegner sind jene, die uns die Probleme bewusst servieren mit dem Ziel, uns zu Fall zu bringen. Probleme, die wir dann mit erhöhtem Einsatz überwinden und durch die Überwindung persönliche Stärke gewinnen.

Und, und, und …

ERMUTIGUNG FÜR HEUTE

Betrachte deine Gegner als Herausforderung zu Spitzenleistungen, als Sprungbrett zu besseren Leistungen und nicht als Stolperstein. Betrachte deine Gegner als Information – und Ideenlieferanten und ärgere dich nicht mehr darüber, dass es Menschen gibt, die dir nicht optimal gesinnt sind.

TAG 16

»Leader führen Menschen zum ErVOLLg. Manager sorgen dafür, dass die Dinge geschehen.«

Viele Menschen verwechseln Leader (Führer) mit einem Manager. Dies sind zwei verschiedene Dinge. Leader sind Führer und führen daher. Manager sind Manager und managen daher. Wo ist der Unterschied? Menschen wollen nicht gerne gemanagt werden, Menschen wollen geführt werden. Wohin? Zum ErVOLLg. Es gibt leider heutzutage zu viele Manager in Führungspositionen und zu wenige wirkliche Führungspersönlichkeiten. Managen kann man die Dinge, managen kann man Produkte, managen kann man evtl. auch Situationen, managen kann man bestenfalls noch Menschen, die ihren eigenen Willen bereits bei der Garderobe abgegeben haben und deren Träume, Wünsche und Ziele bereits gestorben sind. Aber ein Mensch mit freiem Willen, mit Träumen, Wünschen und persönlichen Zielen lässt sich nicht managen. Und wer dies versucht, wird langfristig daran scheitern. Wenn ein Unternehmer meint, er könne seine Mitarbeiter managen, wird er eines Tages feststellen, dass nur mehr jene übrig geblieben sind, die bereits innerlich aufgegeben haben und mit denen man daher umgehen kann wie mit ausgetrockneten Gebeinen. Mit solchen gemanagten Menschen kann man aber keine Spitzenleistungen erbringen. Ein guter Leader führt die Menschen zum ErVOLLg. Er sieht den Menschen und seine persönlichen Ziele und hilft ihm dabei, diese zu erreichen.

ERMUTIGUNG FÜR HEUTE

Wir brauchen wieder mehr Führungspersönlichkeiten. In der Familie (Väter, Mütter), im wirtschaftlichen Bereich und im gesellschaftlichen Leben. Du bist ein Führer, im Kleinen oder im Großen. Wenn dir Menschen anvertraut sind, führe sie zum individuellen ErVOLLg.

»Manche Menschen sind immer auf der Suche nach Fehlern anderer, als wenn es dafür einen Preis geben würde.«

Alle Menschen haben Fehler. Dort, wo Menschen am Werk sind, „menschelt" es. Es gibt keinen perfekten Menschen. Manche Männer erwarten zu Hause die perfekte Ehefrau. Wenn du zu diesen gehörst, dann hier ein Wort von Mann zu Mann: „Wenn deine Frau perfekt wäre, hätte sie dich sicherlich nicht geheiratet." Es gibt keinen perfekten Menschen. Menschen haben Fehler.

Aber warum soll ich mich auf die Fehler der anderen konzentrieren, wenn

- es genug eigene Fehler gibt, die man beseitigen könnte,
- es genug positive Dinge gibt, auf die man sich auch konzentrieren könnte,
- es genug wichtigere Dinge gibt im Leben, als die Energie mit der Fehlersuche bei anderen Menschen zu vergeuden.

Wenn dir Fehlersuche Spaß macht, dann fange doch bei dir selbst an. Aber auch das hat wenig Sinn, denn es gibt ja doch keinen Preis dafür im Leben für den, der bei sich selbst oder bei anderen die meisten Fehler entdeckt. Kritikern und Nörglern ist auch noch nie ein Denkmal gesetzt worden. Daher die Frage: „Wozu dann Energie damit vergeuden?"

ERMUTIGUNG FÜR HEUTE

Konzentriere dich auf die positiven Dinge in deinem Nächsten. Lenke auch nicht von deinen eigenen Fehlern ab, indem du bei anderen Fehler suchst. Das dient dem Nächsten nicht und schon gar nicht dir. Dir schadet es sogar am meisten, nicht dem Nächsten.

TAG 18

»Wer mit weisen Menschen unterwegs ist, wird weise, wer mit Toren verkehrt, dem geht es übel.«
Sprüche 13:20

Stimmt! Auch ein altes Sprichwort drückt das Gleiche aus: „Sage mir, mit wem du umgehst und ich sage dir, wer du bist!" Die Bibel weiß das schon lange.

Such dir deine Freunde aus. Viele Menschen in der heutigen Zeit würden viel bezahlen, wenn man sich Weisheit kaufen könnte. Sie möchten alles Mögliche tun und tun auch alles Mögliche, um Weisheit zu erlangen, aber sie verkehren mit Toren. Ein Tor ist einer, der im Irrtum verharrt, obwohl er von der Wahrheit gehört hat. Ein Tor ist einer, der sich über Dinge lustig macht, die er nicht versteht. Ein Tor ist einer, der Dinge tut, von denen er genau weiß, dass sie ins Verderben führen. Ehebruch ist z.B. eine dieser Torheiten, die ins Verderben führen. Lügen und die Augen vor der Wahrheit verschließen sind weitere Torheiten, die ins Verderben führen. Wenn du so etwas tust, bist du ein Tor, und das Verderben ist dir sicher. Kurzfristige Freuden verhindern noch lange nicht die langfristige Zerstörung. Wenn du mit jener Weisheit ausgestattet sein willst, die zu einem erfüllten Leben führt, dann verkehre mit Menschen, deren Weisheit sie in ein erfülltes Leben geführt hat. Dort lernst du Weisheit – die Weisheit Gottes. Wenn du aber weiterhin mit Toren verkehrst oder selbst töricht handelst, wundere dich nicht, wenn es dir übel ergeht.

ERMUTIGUNG FÜR HEUTE

Schaue dir deine Freunde gut an. Leben deine Freunde ein erfülltes Leben, ein Leben der Weisheit? Wenn ja, dann intensiviere in diese Freundschaften. Wenn du aber mit Toren verkehrst, dann trenne dich noch heute davon. Toren bringen Toren hervor und denen ergeht es übel.

»Wenn du anderen Menschen das Gefühl gibst, wichtig zu sein, bist du automatisch wichtig.«

Kennst du Menschen, die gerne wichtig sein möchten? Kennst du Menschen, die gerne auf Kosten anderer wichtig werden möchten? Bist du schon Menschen begegnet, die Hände, Füße und Ellbogen dafür einsetzten, um sich wichtig zu machen?

Die Welt ist voll mit diesen Wichtigmachern! Wichtig machen auf Kosten anderer, um sich selbst aufs Podest zu stellen. Die Welt ist voll mit Wichtigmachern, die sich dadurch wichtig machen wollen, indem sie andere unwichtig machen. Dies produziert viele persönliche, innere Verletzungen und oft langfristige Feindschaften.

Ist das notwendig?

Ich bin auch gerne wichtig. Jeder Mensch ist gerne wichtig, der eine gibt es zu, der andere nicht.

Ich bin vor einiger Zeit draufgekommen, dass es eine besonders feine, angenehme Art gibt, wichtig zu sein und dass es einen begeisternden, erfüllenden Weg gibt, wichtig zu werden:

Hilf genügend anderen Menschen, dass diese wirklich wichtig sind (im positiven Sinn), und du wirst automatisch wichtig sein.

ERMUTIGUNG FÜR HEUTE

Es gibt zwei Möglichkeiten, wichtig zu werden. Auf Kosten anderer oder zum Nutzen anderer. Wirkliche Wichtigkeit kommt nur aus dem Nutzen stiften. Wenn du anderen hilfst, wichtig zu werden (sein), hast du einen großen Nutzen gestiftet und dadurch selbst Wichtigkeit erlangt.

TAG 20

**»Ein Narr ist schnell mit Emotionen.
Ein weiser Mann bleibt ruhig, auch wenn er beleidigt wird.«**

Ich kann mich noch erinnern, vor etlichen Jahren hatte ich eine Kontroverse mit einem Mann, der von einem Tag zum anderen den Spieß umdrehte und mir zum Feinde wurde. Vorher waren wir gute Freunde, arbeiteten zusammen und verstanden uns gut. Auf einmal begann ein Briefwechsel mit den wildesten Unterstellungen und ich war Narr genug, mich dadurch voll aus der Reserve locken zu lassen und habe in gleicher Weise emotional reagiert, bis die Sache soweit hochgeschaukelt war, dass wir vor Gericht landeten. Eine teure Angelegenheit.

Ein paar Jahre später hatte ich eine ähnliche Situation. Ein emotionsgeladener Geschäftspartner erging sich in äußerst unqualifizierten Äußerungen, verbal und schriftlich, und hat mir Dinge unterstellt, die nicht nur unfair waren, sondern absolute Unwahrheit und Angriffe bösester Machart. In dieser Situation habe ich mich der oben angeführten Aussage besonnen und mir bewusst gemacht, dass ein weiser Mann auch dann ruhig bleibt, wenn er beleidigt wird. Ich habe mich daher von meinem Kontrahenten nicht auf seinen Level hinunterziehen lassen, sondern immer nur klar und sachlich geantwortet, bin auf Beleidigungen nicht eingegangen, sondern habe mich voll auf die Sache konzentriert. Hätte auch ich hier emotional reagiert, wäre die Sache ebenfalls eskaliert. Denn emotionale Menschen führen sich selbst in eine Situation, aus der sie nur mehr schwer herauskommen.

ERMUTIGUNG FÜR HEUTE

Sei dir bewusst, du bist ein weiser Mensch. Emotionen können dich nicht aus der Reserve locken. Bleib ruhig, lege emotional aufgeheizte Situationen und Fälle auf Eis, bis sie abgekühlt sind.
Dann mach dich an die Erledigung der Sache, sachlich und ruhig.

»Die Reue von gestern und die Sorgen für morgen sind nicht annähernd so wichtig wie die TAT von HEUTE.«

Der Tag hat 24 Stunden. Ist doch eine Menge Zeit. Diese Zeit ist dein Leben. Was tust du damit? Zu viele Menschen verbringen die ersten 12 Stunden mit der „Reue von gestern" als ihren Gast. Sie bereuen gemeinsam das nicht mehr zu verändernde Gestern. Was alles nicht passieren hätte dürfen. Was alles in der Vergangenheit schief gelaufen ist und nicht verzeihbar sei. Und, und, und …

Dieser Gast stiehlt dir 12 Stunden am Tag, das ist genau die Hälfte deines Lebens.

Der nächste Gast heißt dann „Sorgen für morgen". Er kommt meistens mittags und bleibt dann bis Mitternacht. Er bespricht mit dir all die Dinge, die morgen und übermorgen eventuell passieren könnten und was alles eintreten könnte, um dir das Leben schwierig zu machen und die Freude zu stehlen. Die meisten Dinge davon treten sowieso niemals ein und andere negative Dinge treten nur auf, weil du sie erwartest und damit herbeirufst – wie bei Hiob.

Dieser zweite Gast stiehlt dir dann die nächsten 12 Stunden am Tag, das ist dann die zweite Hälfte deines Lebens.

Was aber wirklich wichtig ist, ist die **Tat (Saat) von heute**. Wenn du heute keine Zeit hast für die gute Saat, wirst du morgen keine gute Ernte haben. Das ist das Wichtigste.

ERMUTIGUNG FÜR HEUTE

Höre auf, die beiden „Diebe" als Gäste einzuladen. Diebe stehlen. Sie stehlen dir die Zeit. Wenn diese beiden Diebe nicht mehr kommen, wirst du sehen, wie viel Zeit du hast, wie lang ein Tag ist und wie viele gute Dinge man täglich tun kann.

TAG **22**

»Viele Ehen wären besser, wenn Mann und Frau erkennen würden, dass sie im selben Boot sitzen.«

Eines der größten Probleme der heutigen Zeit ist, dass so viele Ehen nicht richtig funktionieren. Zwei junge Menschen gaben sich vor einigen Jahren das Ja-Wort mit vollster Überzeugung, dass diese Liebe ein Leben lang halten wird. Aber bereits nach einigen Jahren wird festgestellt, dass man sich auseinander gelebt hat. Aus einer intensiven Liebesbeziehung entsteht eine Gegnerschaft.

Lieber Mann, deine Frau ist nicht dein Feind, sondern dein bester Freund.

Liebe Frau, dein Mann ist nicht dein Feind, sondern dein bester Freund.

Solange du in deinem Ehepartner deinen Feind siehst und nicht deinen besten Freund, wird es immer schwierig sein. Du wirst deinen Ehepartner so behandeln, wie du ihn siehst. Demnach kommen auch die Früchte zustande.

Liebe Frau, mache es zu deiner Lebensaufgabe und zu deinem Lebensstil, das Herz deines Mannes zu gewinnen. Lieber Mann, mache es zu deiner Lebensaufgabe und zu deiner ersten Priorität deines Lebens, das Herz deiner Frau zu gewinnen und ihr VOLLe Genüge zu geben. In jeder Beziehung.

Ihr beide sitzt im selben Boot. Ihr könnt beide gemeinsam zu neuen Ufern segeln, oder - beide im selben Boot sitzend - gemeinsam untergehen.

ERMUTIGUNG FÜR HEUTE

Trefft jeden Tag eine neue Entscheidung füreinander. Sagt beide ein neues Ja für den Rest eures Lebens. Setzt euch neue gemeinsame Ziele. Sprecht gemeinsam über die Wünsche eures Herzens, ohne dabei vergangene Probleme und Geschichten aufzuwärmen.

»Gehe nicht mit Faulenzern und Betrunkenen, denn sie sind auf dem Weg zur Armut.«

Armut in unseren Breitengraden ist nicht die Folge von Herkunft oder sozialer Zugehörigkeit. Armut hier in Westeuropa ist die Folge vom Nichtstun.

In der heutigen Zeit hat jeder Mensch, egal, welcher Herkunft und sozialer Zugehörigkeit, die Möglichkeit, Wissen zu erwerben. Ausbildungsmöglichkeiten werden genügend angeboten. Jedem ist der Weg frei in die Pflichtschulen und jeder, der die Pflichtschulen erfolgreich absolviert, hat offene Türen für höhere Ausbildungsmöglichkeiten.

Ausbildung ist jedoch oft harte Arbeit. Die Entscheidung alleine, ein Arzt werden zu wollen, macht dich noch zu keinem Arzt. Du musst in härtester Arbeit das Wissen aufnehmen, das dich zu einem Arzt macht.

Die Entscheidung alleine, Unternehmer werden zu wollen, macht dich noch nicht zum Unternehmer. Unternehmer werden und Unternehmer bleiben ist mit härtester Arbeit verbunden.

Wenn du jedoch mit Arbeit nichts zu tun haben willst und das Leben eines Faulenzers, der alles auf morgen verschiebt, vorziehst, komme bitte nicht zu mir und beklage dich über deine Situation. Faulenzer nutzen die Möglichkeit zu Spitzenleistungen nicht; Betrunkene berauben sich selbst der Möglichkeit zur Spitzenleistung. Beide sind auf dem Weg zur Armut.

ERMUTIGUNG FÜR HEUTE

Nimm dein Leben in die Hand. In die eigene Hand. Greif zu, pack an. Es lohnt sich. Und wenn du Freunde hast, die dich zum Nichtstun „ermutigen", dann trenne dich schnell von diesen „Freunden".

TAG 24

»Ein Ziel richtig gesetzt, ist halb erreicht.«

Eine sehr bekannte amerikanische Wirtschaftsuniversität hat vor etlichen Jahren ihre frischen Abgänger nach ihren Zielen befragt. 97% konnten keine konkreten Angaben machen, nur 3% hatten klare, niedergeschriebene Ziele. Zehn Jahre später wurde wieder befragt, was aus diesen 100 Absolventen geworden ist. Das Ergebnis: Jene 3% mit den klaren, niedergeschriebenen Zielen hatten gemeinsam mehr erreicht in den 10 Jahren als alle anderen 97% zusammen.

Dies beweist einiges. Insbesondere stellt es die Wichtigkeit heraus, Ziele richtig zu setzen und auch zu verfolgen. Das Problem in der heutigen Zeit ist, dass die meisten Menschen gar nicht wissen, wie man Ziele setzt. Ziele setzen will gelernt sein, aber leider gibt es immer noch keine Akademie, die sich darauf konzentriert, den Menschen zu lehren, wie man Ziele setzt. Und auch an den etablierten Schulen und Universitäten lernt man es nicht. Welch eine Marktlücke. Wünsche haben viele Menschen. Wünsche **hat** man, aber Ziele **verfolgt** man. Ziele haben und verfolgen heißt, eine vor mir liegende leere Zukunft in Besitz zu nehmen. Ziele müssen klar definiert sein, erreichbar und positiv. Ziele müssen in tägliche Schritte umgelegt werden. An Zielen muss täglich gearbeitet werden. Wer nicht täglich Schritt für Schritt an den Zielen arbeitet, wird seine Träume nie realisieren.

ERMUTIGUNG FÜR HEUTE

Schreibe dir deine Ziele so klar wie möglich nieder. Zerlege diese in überschaubare Teilziele. Mache daraus tägliche Schritte. Tue diese täglichen Schritte und du kommst dem Ziel täglich näher.

»Wenn du Glaube, Hoffnung und Liebe miteinander verbindest, kannst du auch in einer negativen Welt positive Kinder erziehen.«

Zig Ziglar

Wir leben in einer negativen Welt. Nicht weil die Welt an sich negativ wäre, sondern weil die weitaus größere Menge der übermittelten Informationen negativ sind. Negative Informationen prägen den Menschen, durch negative Informationen werden negative Menschen.

Viele Eltern fragen sich daher heute: Wie kann man in einer negativen Welt positive Kinder erziehen?

Antwort: Nur positive Eltern können positive Kinder erziehen.

Positive Eltern sind solche, die Glaube, Hoffnung und Liebe miteinander verbinden. Aber wie geht das? Es beginnt bei der Liebe. Das Beste, was du für deine Kinder tun kannst, ist die Mutter (den Vater) deiner Kinder zu lieben. Das ist für die Kinder das Wichtigste. Dann zeige deinen Kindern bedingungslose Liebe - genauso, wie Gott uns bedingungslos liebt. Diese bedingungslose Liebe gibt den Kindern Hoffnung. Hoffnung auf ein gesichertes Leben in der Geborgenheit von Vater und Mutter. Wenn diese Hoffnung immer noch mehr mit der bedingungslosen Liebe genährt wird, wird diese Hoffnung zur unerschütterlichen Substanz, genannt Glaube (Hebräer, Kapitel 11, Vers 1).

ERMUTIGUNG FÜR HEUTE

Werde ein/e Mann/Frau der Liebe. Beginne in deiner Familie.
Liebe ist positiv. Die Liebe Gottes ist die größte Power des Universums.
Stark genug, um auch deine Probleme zu lösen.

TAG 26

»Nicht was du hast, sondern was du benutzt, macht den Unterschied.«

Der eine hat viel und es wird nichts daraus. Der andere hatte nichts (fast nichts) und es wurde ein Imperium daraus. Der eine hat die Hände voll und wird immer ärmer, der andere hatte fast leere Hände und seine Scheunen werden immer voller.

Das Gesetz von Saat und Ernte ist auch hier deutlich sichtbar und unumstößlich.

Wenn das, was du in Händen hast, zu wenig ist, um es Ernte nennen zu können, dann mach doch eine **Saat** daraus. Ein einziges Samenkorn ist genug, um zu beginnen.

Viele Menschen in der heutigen Zeit haben eine Menge. Aber sie benutzen es nicht. Sie meinen, dass es zu wenig sei, oder das, was sie haben, sei nichts wert, oder es würde sich nicht lohnen, damit etwas zu tun, oder es sei ja nichts Besonderes und daher unwichtig. Stop!

Das, **was du hast**, ist dein Samenkorn. Egal, ob du viel hast oder wenig, es hängt davon ab, was du damit tust. Wenn dein Samenkorn im Speicher bleibt, wird es nichts bewirken, wenn dein Samenkorn aber in Erde fällt und stirbt (als Saat geopfert wird), bringt es reiche Frucht. Ein Samenkorn bringt oft hundertfältige Frucht. Davon kannst du bereits einen Teil verbrauchen und auch wieder Dutzende neue Samenkörner pflanzen, die wiederum 100-fältige Frucht bringen. Dies ist Gottes Prinzip von Multiplikation und Fruchtbarkeit.

ERMUTIGUNG FÜR HEUTE

Fange an mit dem, was du hast. Du hast bereits sehr viel.
Nämlich ein Samenkorn. Ein Samenkorn ist voll mit „Know-how".
Benutze es und multipliziere.
Werde dir deines Samenkornes wirklich bewusst. Es ist wertvoll.

»Sei wie eine Briefmarke. Bleib an einer Sache dran, bis du das Ziel erreicht hast.«

Eine Briefmarke hat einige sehr gute Eigenschaften. Unter anderem bleibt sie am Kuvert, bis das Ziel erreicht ist. Viele Leute haben große Ziele. Aber sie geben zu früh auf. Manche trennen sich von den Zielen, sobald die ersten Probleme auftreten. Andere trennen sich von den Zielen, nur weil ein paar gut meinende Freunde „die Sache nicht sehen" können. Andere wiederum kämpfen bis knapp vor dem Ziel und geben einige Meter vor dem Durchbruch auf. Ich aber sage dir:

- Setze dir ein vernünftiges Ziel. Erreichbar und ausgestattet mit einem sichtbaren Nutzen für dich und deine Umwelt.
- Fange heute an, daran zu arbeiten und tue täglich mindestens einen Schritt in Richtung Ziel.
- Verliere das Ziel nie aus den Augen.
- Höre nicht auf Menschen, die an deinem Erfolg nicht interessiert sind.
- Bleib dran, bis du das Ziel erreicht hast. Wie eine Briefmarke.

ERMUTIGUNG FÜR HEUTE

Mache dir deine Ziele wieder lebendig. Sie müssen in dir brennen. Sei überzeugt davon, dass du sie auch erreichen kannst. Gib niemals auf. Es ist zu früh, um aufzugeben.

TAG 28

»Ein Mensch mit Hingabe, Ausdauer und Entschlossenheit bringt mehr zustande als 1000 Menschen zusammen, die an einer Sache nur interessiert sind.«

Ein entschlossener Mann (Frau) bewegt die Welt. Entschlossenheit für eine gute Sache ist etwas, was man in der Welt von heute nicht mehr so oft erlebt. Die Menschen sind zwar von vielem begeistert, an vielen Dingen interessiert, aber Begeisterung und Interesse allein reichen nicht aus für das Erreichen großer Ziele.

Es ist heutzutage auch relativ einfach, Menschen für etwas zu begeistern, insbesondere, wenn es etwas Neues ist. Aber diese Begeisterung kühlt oft sehr schnell ab, nur weil jemand sehr schnell die Gründe an der Hand hat, warum etwas nicht funktionieren kann.

Die Welt von heute schreit förmlich nach Menschen, die diese drei Erfolgseigenschaften in einer Person verkörpern:

- Bedingungslose Hingabe, volle Identifikation mit einer Sache und absolute Konzentration darauf.
- Ausdauer, insbesondere, wenn es zäh wird. Ausdauer heißt Durchhaltevermögen, auch bei größten Herausforderungen.
- Entschlossenheit, kein Zaudern, Zögern oder Zittern, entschlossenes Handeln, wenn zu handeln ist.

ERMUTIGUNG FÜR HEUTE

Wenn du an einer Sache nur interessiert bist, lass die Hände davon. Daraus entsteht nicht genug Power für den letzten Durchbruch. Hingabe, Ausdauer und Entschlossenheit bewegen deine Zukunft.

»Gottes Gaben an dich (Talente) sind niemals eine Hypothek, sondern immer Guthaben.«

Gott hat in jeden Menschen genügend Talente, Fähigkeiten und Potenzial hineingelegt, um die Früchte in dieser Welt bringen zu können, wozu wir berufen sind. **Er** gab uns diese Talente, Fähigkeiten und Potenziale, ... damit wir uns aufmachen und Frucht bringen. Frucht, die den Menschen ein Segen ist (Nutzen stiftet). Fruchtbarkeit ist das Prinzip Gottes. „An den Früchten werdet ihr sie erkennen", sagt die Bibel.

Es gibt Menschen, die kritisieren ihre Fähigkeiten und möchten gerne etwas anderes sein. Sie meinen, die Talente, die sie mitbekommen haben, seien eine Belastung auf ihrem Leben, eine Hypothek. Wenn du den Plan Gottes ausführst und die Tätigkeit gefunden hast, die deinen Talenten entspricht, dann machen dir Arbeit und Leben Freude. Viele Menschen haben Talente, ohne diese zu kennen, denn es wurde ihnen frühzeitig eingeredet, dass es am Besten wäre, diesen oder jenen Beruf zu ergreifen. In diesem „ergriffenen" Beruf hat man sich dann auch Wissen angeeignet und glaubt dann, dies entspreche auch der Berufung, die auf dem Leben liegt. Weit gefehlt. Man kann einen Beruf „ergreifen" und sich das Wissen aneignen und damit seinen Lebensunterhalt verdienen. Man kann sich aber auch als ersten Schritt die Mühe machen und die gottgegebenen Talente erforschen, um diese zu verstärken, die richtige Informationen aufzunehmen und dann das tun, was den Talenten entspricht und damit erVOLLgreich sein.

ERMUTIGUNG FÜR HEUTE

Mache dir deine gottgegebenen Talente bewusst. Gott hat in dich investiert. Die vorhandenen Potenziale sind gewaltig groß. Finde sie, baue sie aus und bringe Frucht damit. Dies ist dann dein ErVOLLg.

TAG 30

»Menschen, die sich ständig verteidigen, erreichen niemals die Spitze.«

Kennst du jemanden, der ständig damit beschäftigt ist, sich selbst zu verteidigen? In jedem Satz, den andere sprechen, sieht er einen Angriff auf seine Person oder auf seine Arbeit. Er weiß alles besser und ist immer damit beschäftigt, sich selbst, seine Situation, seine Arbeit etc. zu verteidigen?

Solche Menschen gibt es leider genug. Sehr oft versteckt er die Verteidigung der eigenen Sache in eine Kritik anderer Menschen oder Situationen.

Vergiss eines nicht: Verteidigung, egal wie du sie verpackst, kostet eine Menge Zeit. Zeit aber ist wertvolle Energie, sie ist der Rahmen für unser Leben. Wenn ich Zeit vergeude mit Verteidigung und Angriffen auf andere, dann fehlt mir zwangsläufig die Zeit, die notwendigen Dinge zu tun. Wenn man an die Spitze kommen will, muss man Spitzenleistungen erbringen. Spitzenleistungen aber verlangen nach ganzer Konzentration. Wenn ich aber meine Zeit mit Verteidigungen vergeude, fehlt mir die Zeit für die Spitzenleistungen. Dies ist ein Hauptgrund, warum diese Menschen nicht an die Spitze kommen.

ERMUTIGUNG FÜR HEUTE

Du brauchst nicht allen anderen zu gefallen.
Du bist nicht allen Menschen Rechenschaft schuldig. Deine Vision und deine Aufgabenstellung braucht nicht von allen verstanden zu werden. Der Einzige, dem du Rechenschaft schuldest, ist Gott und zwar wird er dich fragen:„Was hast du mit deinen Talenten gemacht?"

»Die meisten Menschen laufen vor etwas davon, anstatt auf etwas zu.«

Ich habe vor etlichen Jahren bei einem meiner Vorträge einen Mann kennen gelernt, der nach meinem Vortrag zu mir kam und sagte: „Ich bin seit 20 Jahren auf der Suche nach Gott! Ich kann ihn nicht finden. Ich würde ihn ja gerne kennen lernen, aber ..."

Meine Antwort war messerscharf (manchmal muss man messerscharf sein) und zwar: Ich glaube nicht, dass du auf der Suche nach Gott bist. Ich glaube vielmehr, dass du auf der Flucht vor Gott bist. Gott ist leicht zu finden, wenn du ihn wirklich suchst. Er sagt: „Wer suchet, der findet, wer anklopft, dem wird aufgetan." Gott sagt auch genau, wo und wie er sich finden lässt. Jesus Christus sagt: „Ich bin der Weg, die Wahrheit und das Leben, keiner kommt zum Vater denn durch mich." Ist Jesus Christus etwa ein Lügner? Wenn nicht, dann ist es pure Wahrheit und dann musst du dort suchen und anklopfen. Jesus Christus ist die Tür. Klopfe an.

Wenn dein leiblicher Vater dir schreiben würde, er möchte dich am Sonntag um 12:00 Uhr am Bahnhof in Salzburg treffen und du fährst statt nach Salzburg nach Hamburg und würdest dann behaupten, du hättest deinen Vater ja gesucht, müsste man dich zumindest suspekt nennen. Aber genau so verhalten sich viele bei der Suche nach Gott.

ERMUTIGUNG FÜR HEUTE

Lauf nicht davon, sondern gehe auf die Wahrheit zu.
Zu viele laufen davon. Gott hat klar gesprochen, wo er sich finden lässt.
In Jesus Christus. Warum läufst du dann davon, nur weil andere etwas anderes sagen? Gottes Wort ist Wahrheit und die Lösung aller Probleme.
Laufe darauf zu - nicht davon.

ERLÄUTERUNGEN

UNSERE VISION - UNSER ZIEL:

Es ist unser erklärtes Ziel, Menschen zu helfen erVOLLgREICH ins 3. Jahrtausend zu gehen. Begeistert zu leben in einer frustrierten, oft lieblosen Welt. Das ist gar nicht so selbstverständlich in der heutigen Zeit. Schau dich nur um in deiner Verwandtschaft und Bekanntschaft und du wirst viele Menschen finden, die „es satt haben“, frustriert sind und oft sogar lebensmüde. Das muss nicht so sein. Es gibt eine Alternative. Und die heißt: BEGEISTERT LEBEN in einer frustrierten Welt. Und das alles beginnt bei dir - und nicht beim Nachbarn, beim Chef oder bei den Mitarbeitern. Auch nicht bei den Politikern, sondern bei DIR - für dein Leben.

WAS VERSTEHEN WIR UNTER „ERVOLLG“?

Wir verstehen unter ErVOLLg eine Lebenssituation, in der der einzelne Mensch in der Lage ist, ein erfülltes, VOLLes Leben zu leben. Begeistert, erfüllt, einfach VOLL sein mit guten Dingen. **ER** = das bist du, ist **VOLL** mit **G**'s: z.B. VOLL mit Gesundheit, VOLL mit Geld, und auch VOLL mit Gott und allen guten Dingen, die ER denen bereitet hat, die IHN lieben. Jesus Christus hat ja im Johannes-Evangelium, Kapitel 10, Vers 10 gesagt: „...; ich aber bin gekommen, damit ihr Leben habt und das in **VOLL**er **G**enüge.“ Kein anderer, kein Religionsstifter und auch kein Politiker hat das jemals versprochen und auch gehalten. Manche haben es versucht zu versprechen - wie eben Politiker sind.

WAS VERSTEHEN WIR UNTER „ERVOLLGREICH“?

REICH ist jemand nicht, weil er viel Geld hat. Ich kenne einige Menschen, die man „reich“ nennt, aber sehr arm sind, denn Geld kann vieles nicht kaufen. Auf alle Fälle nicht das, was der Mensch wirklich sucht: echte Liebe, Wertschätzung, Anerkennung, Erfüllung und den Frieden im Herzen. Geld ist ein ausgezeichnetes Werkzeug, oft auch ein guter Problemlöser, aber ein miserabler Gott. Die wichtige Frage ist ja: Bin ich ein Sohn des Königs oder ein Sklave von Götzen? Geld allein - ohne den Frieden Gottes im Herzen - ist ein Götze, der Menschen zu Sklaven macht. Man kann aber beides haben. Das erfüllte Leben des Sohnes und Geld als Werkzeug zum Problemelösen.

WAS VERSTEHEN WIR UNTER „LEBEN?"

Unter „LEBEN" verstehen wir viel mehr als nur Existieren. Viele Menschen existieren ziemlich gut - aber sie wissen nicht, was DAS LEBEN wirklich ist. Viele existieren auf einer sehr hohen Ebene. Viele vegetieren einfach nur dahin und warten auf die Pensionierung, weil ihnen noch nie jemand gesagt hat, dass Leben viel mehr ist als nur die Zeit zu verbringen um alt zu werden und wieder „zu verschwinden".

Jesus ist gekommen, damit wir **DAS LEBEN** haben und es in VOLLer Genüge haben. Die Bibel nennt das: „Die unsterbliche Natur Gottes (das ewige Leben) in sich tragen." Darum hat auch der Apostel Johannes geschrieben: „Wer Jesus Christus hat, hat DAS LEBEN, wer Jesus Christus nicht hat, hat DAS LEBEN nicht." (1. Joh. 4:11-12). Wie kann jemand von Lebensqualität reden, wenn er nicht einmal DAS LEBEN hat. Jesus Christus sagte: „Ich BIN der Weg, die Wahrheit und DAS LEBEN ..."

Wie kommt man zu diesem LEBEN? Durch eine persönliche ENTscheidung für Jesus Christus entsprechend Joh. 1:11-12 und Römer 10:8-10. Also ganz einfach. Man muss nur eine persönliche ENTscheidung treffen = Aufheben einer Scheidung und das Leben Gottes empfangen.

WARUM ZITIEREN WIR DIE BIBEL UND BENUTZEN „BIBLISCHE BEISPIELE"?

Viele meiner Kunden, für die ich ein Seminar gehalten habe, sagten schon zu mir, ich dürfe ohne weiteres auch die Bibel zitieren und auch von Gott reden, denn alles andere, alle Philosophien und Theorien der letzten Jahrzehnte hätte man schon gehört und hätten das Versprochene nicht gebracht. Also vielleicht sollten wir doch mal die Bibel „probieren“. Probieren alleine wird nicht viel bringen, sondern du solltest es auch glauben. Aber ist es nicht seltsam, dass man alle möglichen Leute aus der Geschichte zitieren darf und man gilt dann als „gescheit“, weil man z.B. Goethe oder Sokrates zitieren kann. Wenn dann aber jemand die Bibel oder Jesus Christus selbst zitiert, dann wird sofort ein großes Fragezeichen (?) dahinter gesetzt. Und der, der Jesus zitiert, wird nicht selten sofort in „die Sektenecke“ gestellt. Welch ein Nonsens! Warum sollte man nicht viel mehr noch Jesus Christus zitieren? Er ist doch der einzige der großen Männer der Geschichte, nach dem eine ganze Zeitrechnung verändert wurde. Also muss er Gewaltiges vollbracht haben. Naja, die Welt ist eben stockverrückt - das hat schon mein Vater gesagt.

Wenn du noch nicht glauben kannst, was Jesus Christus gesagt hat, dann beginne doch wenigstens mit dem „Probieren“. So habe ich auch begonnen. Unter dem Motto: „Hilft's nix, so schadet's nix.“ Und mein Leben wurde gewaltig verändert und bereichert.

IST DAS EINE BESTIMMTE GLAUBENSGEMEINSCHAFT ODER KIRCHE?

Für Gott spielt es überhaupt keine Rolle, ob jemand katholisch ist, oder evangelisch oder Baptist, Methodist oder sonst was ist. Für Gott, den Vater, ist nur eines wichtig und zwar: Ob jemand IN Jesus Christus ist. Die Zugehörigkeit zu einer bestimmten Organisation ist für Gott nicht entscheidend. Organisationen sind Werke von Menschen. Du brauchst weder wo austreten noch wo eintreten, sondern dort, wo du bist, ein IN CHRISTUS erfülltes LEBEN leben - zur Freude und Begeisterung anderer Menschen, die deine Hilfe brauchen.

WARUM SAGE ICH „DU" ZU MEINEN LESERN?

Als ich vor mehr als 15 Jahren mein erstes Buch geschrieben habe, war ich schon mit der Frage konfrontiert, meine Leser mit dem üblichen SIE oder dem vertrauten DU anzusprechen. Und ich habe mich für das vertraute DU entschieden. Ganz einfach deshalb, weil ich meine Leser als meine Freunde betrachte und eine persönliche Beziehung aufbauen möchte. So manche meiner Leser haben mir schon gesagt: „Wenn ich deine Bücher lese, dann habe ich das Gefühl ich sitze neben dir und du sprichst zu mir persönlich." Genau das möchte ich tun. Ich schreibe meine Bücher nicht für deinen Verstand, sondern für dein Herz. Jeder Satz soll dich ermutigen, auferbauen und beGEISTern.

Ich betrachte dich als meinen Freund. Daher habe ich eine Bitte an dich: Wenn du mich mal persönlich triffst, komme auf mich zu und sprich mich einfach auch mit „Du" an, z.B. „Du, Karl", und ich weiß sofort, dass du eines meiner Bücher gelesen hast und auch mich als deinen Freund betrachtest. Ich freue mich darauf.

WARUM MUSS DER GEIST DES MENSCHEN UND DER VERSTAND DES MENSCHEN RICHTIG MITEINANDER VERBUNDEN WERDEN?

Gott hat es so geschaffen, dass der Mensch eine Trinität ist: Der Mensch ist Geist, hat Seele (Verstand, Wille, Gefühl) und wohnt in einem Körper. Man kann das mit dem Computer vergleichen: Betriebssystem, Software, Hardware. Wenn jemand sagt, dass Betriebssystem und Software ein und dasselbe sei, dann weiß ich, dass er vom Computer nicht viel versteht und sein Output wird nicht sehr brauchbar sein. Wenn einer sagt, dass beim Menschen Geist und Seele ein und dasselbe sei, dann weiß ich, dass er vom Menschen nicht viel versteht. Deshalb ist vielleicht der Output seines Lebens auch nicht so, wie er sich das gerne wünschen würde.

Jedenfalls: Gott hat uns beides gegeben: Seinen Geist und unseren Verstand. Und er hat uns beides gegeben, um es zum Nutzen anderer Menschen einzusetzen. Und je besser der Geist und der Verstand kompatibel und aufeinander abgestimmt sind, umso effizienter und erfüllter wird unser Leben sein. Ist doch logisch, oder?

Dein Verstand ist zu mehr guten Dingen fähig, als du glaubst. Setz ihn ein.

Der Geist Gottes in deinem Leben ist kraftvoller, als du glaubst. Lass ihn wirken. Und in der richtigen Kombination der beiden gilt dann: „Alles ist möglich, dem der glaubt!"

EIN PERSÖNLICHES WORT DES AUTORS:

Ich stamme aus armen Verhältnissen. Mein Vater war Kleinlandwirt und katholischer Totengräber in Sarleinsbach/ Mühlviertel/Österreich. Das Mühlviertel war nach dem 2. Weltkrieg eine wirtschaftlich benachteiligte Gegend. Wir hatten kein Geld um irgendetwas studieren zu können - aber ich hatte von Jugend an den festen Willen, mit meinem Leben etwas anzufangen. Obwohl ich 9 Jahre im öffentlichen Dienst war, hat mich mein „Unternehmerblut" nicht verlassen. Neben meiner Beamtentätigkeit hatte ich eine Reihe von Nebenverdiensten, geschäftliche Projekte und politische Ämter und mit 24 Jahren habe ich dann meine Beamtenlaufbahn total beendet um mich ganz dem Unternehmertum hinzugeben. Das war 1972. Seither habe ich Dutzende Unternehmen, Organisationen, Projekte etc. gegründet und pioniert und dabei alle Höhen und Tiefen des Lebens erlebt. Ich kenne auch aus persönlichem Erleben die Folgen von Konkurs und Misserfolg, Scheidung und Krebs, öffentliche Schande und das verlieren von „Freunden". Und ich kann dir aus eigener Erfahrung sagen:

Man kann aus jedem Problem ein Projekt machen, aus jedem Stolperstein ein Sprungbrett und aus jedem Tod eine Auferstehung.

Was ich dir sage und schreibe, ist ERLEBTES aus unserem eigenen Leben. WIR (meine Frau Monika und unsere 6 Kinder, die wir gemeinsam großgezogen haben) SIND mehr als Überwinder.

Und DU schaffst es auch - wenn DU willst.

UNSER BACKGROUND:

Bereits 1979 haben wir uns ein Haus in Texas gekauft (wir waren auf der Suche nach dem Sinn des Lebens) und haben (fast) jeden Sommer dort verbracht. 1986 haben wir dann unsere Zelte in Texas abgebrochen und uns in Tulsa, Oklahoma niedergelassen. Seither sind wir mit vielen (manchmal längeren) Unterbrechungen in Tulsa, Oklahoma wohnhaft und wir nennen es unser Zuhause. Alle unsere Kinder hatten das Vorrecht dort eine christliche Privatschule zu besuchen. Dies war die beste Investition unseres Lebens. Ich bin in den letzten 20 Jahren über 150-mal zwischen USA und Europa hin- und hergeflogen um meine Berufung - Menschen zu helfen erVOLLgREICH zu leben - zu erfüllen. Wir versuchen dabei das GUTE, was es in Amerika gibt, mit dem GUTEN, was es in Europa gibt, miteinander zu verbinden. Wenn es uns gelingt, die Qualitäten der Deutschen mit der Lebensphilosophie, der Kreativität und der Denkweise der Amerikaner in der richtigen Weise miteinander zu verbinden, dann sind wir Deutschen (auch Österreicher und Schweizer) am Weltmarkt unschlagbar und persönlich erVOLLgREICH.

DIE WICHTIGSTE ENTSCHEIDUNG DEINES LEBENS:

Viele Menschen fragen immer wieder: „Was ist die wichtigste Entscheidung meines Lebens?" Das ist ganz einfach zu beantworten. Gott selbst bietet uns in Jesus Christus SEIN Leben an.

Im Johannes-Evangelium Kap. 1:11-12 steht: „ER kam in sein Eigentum, aber die Seinen nahmen ihn nicht auf. Allen aber, die IHN aufnahmen, denen gab er die Macht Kinder Gottes zu sein:"

Gottes Angebot an uns lautet: „Ich schenke dir mein Leben. Meine Natur. Meine Gerechtigkeit, meine Liebe. Mein Leben. Das Leben Gottes." Aus reiner Liebe und Gnade. Vollkommen kostenlos und ohne Bedingungen. Im Johannes-Evangelium 3:16 steht: „So sehr hat Gott die Welt geliebt, dass ER seinen einzigen Sohn (Jesus Christus) hingab, damit alle, die an IHN glauben, nicht verloren gehen, sondern ewiges LEBEN (das Leben Gottes) haben."

Daher empfehle ich dir und lade dich ein, nimm das Angebot Gottes an. Es ist die beste Entscheidung deines Lebens. Dein Leben bekommt dadurch wieder richtig Sinn. Und es ist so einfach. Bete einfach folgendes Gebet mit ganzem Herzen:

„Vater im Himmel, ich danke dir für deine Liebe und deine Gnade. Ich möchte heute dein Angebot annehmen und DEIN Leben empfangen. Danke, dass du mir all meine Schuld und Sünde vergeben hast. Ich glaube in meinem Herzen, dass Jesus Christus der Sohn Gottes ist und dass er von den Toten auferstanden ist zu einem neuen Leben. Und ich mit ihm. Jesus, ich lade dich daher jetzt ein, komm in mein Herz und mache mich zu einem neuen Menschen IN Christus. Danke, dass du meine Bitte erhört hast. Ich bin jetzt ein Kind Gottes."

Das war die wichtigste Entscheidung und das wichtigste Gebet in deinem Leben. Es spielt keine Rolle, ob du katholisch bist oder evangelisch oder freikirchlich oder überhaupt keiner Kirche angehörst. Du brauchst auch nirgends beitreten, sondern dich ganz einfach freuen, dass Gott dich liebt und er dich sein Kind nennt. Gott schaut nicht auf Organisationen, sondern er hat seine Gnade den Menschen geschenkt.

Ich freue mich von dir zuhören.

Karl Pilsl

ÜBER DEN AUTOR

Karl Pilsl ist ein seit 35 Jahren in alle Höhen und Tiefen eingeweihter, selbstständiger Unternehmer, seit 1977 Medien-Unternehmer, seit 1979 auch in den USA tätig und dort seit 1987 Wirtschaftsjournalist, Autor von bisher mehr als 20 Büchern zu den Themen Strategie, Leadership, Motivation, Wirtschaftsrevolution, Trends, erVOLLgREICHes Leben und gelebter Christlicher Werte.

Karl Pilsl hat in den letzten 35 Jahren mehr als ein Dutzend Unternehmen und Organisationen in Deutschland, Österreich und den USA gegründet, Hunderte Mitarbeiter aufgebaut und geführt, viele Leadership-Teams installiert und ist so mit allen Herausforderungen eines mittelständischen Unternehmers vertraut. Er ist u. a. Gründer der Österreichischen Baumarktforschung, heute als Baudata GmbH zur Bertelsmann-Gruppe gehörend. Er ist auch inspirierender Berater einiger einflussreicher Persönlichkeiten in Wirtschaft und Politik.

Karl Pilsl ist seit über 20 Jahren gefragter Seminarleiter, Consultant und spricht jährlich Hunderte Mal bei Veranstaltungen aller Art „around the world". Er steht auch in Deutschland und Österreich für begeisternde, ermutigende Veranstaltungen, ausgerichtet für zielstrebige Unternehmer und Führungskräfte zur Verfügung. Nähere Auskunft dazu beim Verlag.

Er hat Hunderten Unternehmern geholfen, ihre erfolgreiche Unternehmens-Strategie zu entwickeln und umzusetzen. Seit 1987 beschäftigt er sich insbesondere damit, herauszufinden, was deutsche Unternehmer und Führungskräfte von ihren amerikanischen Kollegen lernen können, hat dazu Dutzende amerikanische Firmen analysiert auf die ihren großartigen Erfolgen zugrunde liegenden Erfolgsprinzipien.

Karl Pilsl ist auch Gründer von USA-FOR-YOU Corp., eine amerikanische Gesellschaft, die für deutsche Unternehmer und Führungskräfte „praktische Studienreisen" in die USA anbietet, um vor Ort selbst zu erleben, wo der entscheidende Unterschied zwischen der Denkweise deutscher und amerikanischer Unternehmer liegt. Mehr Info dazu unter www.usa-for-you.com.

Seine bisher letzten Bücher „Die 10 Haupttrends der aus den USA kommenden Wirtschaftsrevolution" und „Die Naturkonforme Strategie" sind wiederum Bestseller und besonders attraktiv für moderne Marketingunternehmen.

Karl und Monika Pilsl haben eine große Familie mit insgesamt acht Kindern und (bisher) acht Enkelkindern. Sie leben sowohl in Tulsa, Oklahoma (USA) als auch im Bayerischen Wald.

WEITERE BÜCHER VON KARL PILSL

Die Naturkonforme Strategie
Die Natur ist erfolgreich. Jahr für Jahr. Was macht sie richtig?
Wenn wir aufhören, kompliziert zu denken und bereit sind, von der Natur zu lernen, dann wird das Leben einfach und höchst interessant. Wenn wir aufhören, allen alles recht machen zu wollen und beginnen, uns auf unsere Stärken und Talente und auf unsere Berufung zu konzentrieren, dann wird es sehr einfach, Spitzenleistungen zu erbringen und damit viele Menschen glücklich zu machen. - Die Natur ist Franchising und Network-Marketing zugleich. Die Natur versteht es blendend, sich zu multiplizieren. - Deutschland hat zu viele Manager und viel zu wenige Leader. Menschen lassen sich nicht managen, Menschen möchten geführt werden.
A5, 120 Seiten, ISBN 3-935760-00-0, VK **EUR 12,00**

Die 10 Haupttrends der aus den USA kommenden Wirtschaftsrevolution
Wir stehen mitten in einer noch nie da gewesenen Wirtschaftsrevolution - weltweit! Ob Sie zu den Siegern oder zu den Verlierern dieser Revolution gehören, liegt an Ihnen.
A5, 112 Seiten, ISBN 3-935760-01-9, VK **EUR 10,00**

Starke Worte für starke Zeiten Nr. 1 - Du bist geboren zum Sieg
Wir leben in starken Zeiten. Die Entwicklungen im begonnenen 3. Jahrtausend und die Zeichen der Zeit sind atemberaubend. Die Welt ist nicht mehr so, wie sie einmal war. Wir alle stehen ganz neuen Herausforderungen gegenüber. Die rapide Veränderung ist die einzige Konstante, die es heute gibt. Ungewißheit über die Zukunft macht sich breit. Die Angst der Menschen wächst. Wir leben in starken Zeiten. Starke Zeiten verlangen nach starken Worten, nach Worten der Ermutigung, Worten der Hoffnung, Worten, die Power bringen. Dieses Buch ist eine wahre Ermutigung für die Herausforderungen des Alltags.
A5, 52 Seiten, ISBN 3-935760-11-6, VK **EUR 6,00**

Starke Worte für starke Zeiten Nr. 2
ErVOLLgreich ins 3. Jahrtausend
A5, 52 Seiten
ISBN 3-935760-12-4, VK **EUR 6,00**

Starke Worte für starke Zeiten Nr. 3
Nimm dein Leben in die Hand
A5, 52 Seiten
ISBN 3-935760-13-2, VK **EUR 6,00**

Starke Worte für starke Zeiten Nr. 4
Lebe ein Leben der Freude
A5, 52 Seiten
ISBN 3-935760-14-0, VK **EUR 6,00**

Der kybernetisch wirkungsvollste Punkt im Glaubensleben

Wie kann ich wirklich praktisch erleben, was Gott mir geschenkt hat? Wenn ich Christ bin, LEBT Jesus Christus IN MIR. SEIN Leben ist MEIN Leben geworden. Wie kann ich diese Fülle Gottes in mir in meinem Alltagsleben wirklich real erleben? Worauf muss ich mich in meinem Christ sein konzentrieren, dass die Frucht des Geistes (das erfüllte Leben) automatisch in meinem Leben sichtbar wird? Wie löse ich diesen begeisternden Automatismus aus? Christ sein ist höchst attraktiv. Wie kann ich das „Leben Gottes in mir" in persönliche Anziehungskraft verwandeln und damit viele Menschen erreichen?

A5, 118 Seiten, erschienen unter Wort+Geist Medien AG, VK **EUR 12,00**

... und ER heilte sie alle!

Göttliche Heilung empfangen - Göttliche Gesundheit behalten
mit Vorwort von Pastor Helmut Bauer

Viele Wissenschaftler wissen es noch nicht! Aber Krebs ist heilbar. Und zwar in jedem einzelnen Fall. Ja, wir müssen umdenken! Es gibt Dinge zwischen Himmel und Erde, von denen viele NICHTS wissen - weil es uns NIE GESAGT wurde. WENN SIE BEREIT SIND, Ihre bisherige Philosophie über Krankheit, Gesundheit, Gott und die Welt einmal zu hinterfragen und eventuell auch in Frage zu stellen, dann sollten Sie dieses Buch unbedingt lesen.

A5, 92 Seiten, erschienen unter Wort+Geist Medien AG, VK **EUR 10,00**

BÜCHER IN VORBEREITUNG

Workbook: Die 10 Haupttrends der aus den USA kommenden Wirtschaftsrevolution

Wenn Sie sich näher mit der Thematik der Wirtschaftsrevolution beschäftigen möchten, so bietet dieses Arbeitsbuch eine gute Möglichkeit dafür. Im Workbook werden ebenfalls die Themen der Wirtschaftstrends erörtert mit herausfordernden Fragestellungen zum Erarbeiten Ihrer persönlichen Zukunft.

A4, ca. 140 Seiten, Spiralbindung, ISBN 3-935760-02-7
2. veränderte Neuauflage, Erscheinungsdatum ca. Dezember 2004

Starke Worte für starke Zeiten Nr. 5 - Es geht aufwärts

A5, 52 Seiten, ISBN 3-935760-15-9
Erscheinungsdatum Ende 2004

Starke Worte für starke Zeiten Nr. 6 - Die Power von x^3

A5, 52 Seiten, ISBN 3-935760-16-7
Erscheinungsdatum Ende 2004

Starke Worte für starke Zeiten Nr. 7 - Auf festem Fundament

A5, 52 Seiten, ISBN 3-935760-17-5
Erscheinungsdatum Ende 2004

Starke Worte für starke Zeiten Nr. 8 - Meine Zukunft ist gesichert

A5, 52 Seiten, ISBN 3-935760-18-3
Erscheinungsdatum Ende 2004

So komme ich zu meinem Traumjob

A5, ISBN 3-935760-03-5
Erscheinungsdatum ca. November 2004

Zum Geschäftsmann berufen

A5, ISBN 3-935760-04-3
Erscheinungsdatum Ende 2004

Ein aktuelles Medienverzeichnis bzw. Seminarangebote
des Autors Karl Pilsl und des Verlags Gute Nachricht
erhalten Sie bei:

Verlag Gute Nachricht GmbH
Freyunger Str. 53 a
D-94146 Vorderschmiding
Tel. 08551/9149-0 · Fax 08551/9149-14
E-Mail: office@verlag-gute-nachricht.de

oder im Internet:
www.wirtschaftsrevolution.de

Der Autor des Buches steht auch für individuelle
Vortragsveranstaltungen zur Verfügung.
Anfragen richten Sie bitte an den Verlag.

Einige seiner „Lieblingsthemen“:
Visionäre Leadership
Management frustriert - Leadership begeistert
Die Trends der Wirtschaftsrevolution
Naturkonforme Strategie